자갈치 시장을 그리다

이영숙(벼리영) 시조집

교음사

시인의 말

하늘이 깊어졌습니다.
먼 길을 돌고 돌아왔습니다.
문득, 초등학교 글짓기 선생님이 보고 싶습니다.
퇴색한 기억 한 페이지에 숨어버린 이름 석 자를
화석에서 발굴하듯 조심히 꺼내 봅니다.
50년 넘는 시간이 훌쩍 지나가 버렸지요.
어디에 계실까요?
이승과 저승 사이 존재하는 세 글자 김순애 선생님.
웅변과 글짓기를 두고 갈등했을 때 결국 글을 쓰도록 인도하신 분.
그러나 그림쟁이가 된 나는 옳은 글을 쓰지 못했습니다.
오랜 시간을 겉돌기만 했습니다.

아픔으로 내면이 단단해지고 나서야 조금씩 글의 맛을 알아갑니다.
 맵거나 짜거나 무미건조하거나 반복되는 시행착오,
 시의 맛, 이젠 감칠맛이 나도록 내 안의 언어를 잘 다독여야겠다는 생각이 간절합니다.
 건강이 허락하는 날까지 계속 정진하겠습니다.
 기도해 주신 모든 분들께 감사드립니다.

2023. 시월 초
이영숙(벼리영)

| 자갈치 시장을 그리다 |

- 차례
- 시인의 말

1. 바람의 진술

배설의 기하학 … 16
보이스 피싱을 피싱하다 … 17
단풍나무 성찰기 … 18
날개를 펴다 … 19
구두 병원장 … 20
자갈치 시장을 그리다 … 21
강남 옷 수거함 … 22
문어대가리 … 23
노점상 … 24
어둠의 색깔 … 25
유기 믹스견 … 26
바람의 진술 … 27
암호 화폐 거래소 … 28
가을 하늘에 젖다 … 29
마트료시카의 눈물 … 30
재첩국 … 31
갈대의 저녁 … 32

2. 단풍나무를 읽다

여름 편지 … 33

이명(耳鳴) … 36

돈쭐 나다 … 37

포노사피엔스 … 38

포노사피엔스 2 … 39

삼색 메밀칼국수 … 40

담쟁이 … 41

다윌 … 42

동자꽃 … 43

빈집의 동거 … 44

월영교 미투리 … 45

향기를 죽이다 … 46

난형난제 … 48

옷 수거함 … 49

만추를 보내며 … 50

단풍나무를 읽다 … 51

유자차를 담으며 … 52

3. 자연인

구절초 … 54
만추 … 56
평화를 위한 기도 … 57
자연인 … 58
소라 껍데기 … 59
오월 데생 … 60
커밍아웃 … 61
메주를 띄우다 … 62
만추의 꿈 … 63
갈대와 억새 … 64
복수초 소녀 … 65
자가면역질환을 앓다 … 66
가을 하늘 크로키 … 67
잃어버린 얼굴 … 68
이승에서 저승까지 … 69
대가야 대장장이 … 70
달빛 여정 … 71
파도 타기 … 72

4. 삭풍에 눈 뜨다

일두 선생을 읽다 … 74

남계서원의 달 … 75

일두 문헌공을 그리다 … 76

함양 남계서원 … 78

케미를 위하여 … 79

우탁 선생 … 80

문희공 자취를 읽다 … 81

창 … 82

멸치국수 … 83

소문 … 84

세한도를 그리다 … 85

도깨비풀 … 86

기러기 가족 … 87

포노사피엔스 3 … 88

감사 … 89

삭풍에 눈 뜨다 … 90

데칼코마니 … 91

시집(詩集)을 가봉하다 … 92

| 서평 | 정유지(문학평론가, 경남정보대 교수) … 93

1

바람의 진술

배설의 기하학
　- 루왁 커피

짐승 똥 비싼 연유가 분으로 빛 발할 때
변질된 필름 한 장 정박된 생 톺고 있는
섬마을 사향고양이
고엽처럼 구겨진다

속수무책 고삐 꿰어 잡혀 온 그날부터
탐욕에 저당 잡힌 몸 무덤은 깊어 가고
녹슬고 뒤틀려 버린 생
야금야금 씹어댄다

정신 줄 놓고 살아 명줄마저 짧아진
먼 산 보는 그렁한 눈 흰 달빛의 그루밍
오늘도 커피 제조기 삶
덧없이 쏟아낸다

보이스 피싱을 피싱하다

뻥으로 먹고사는 야바위 혀 가진 거미
거짓이 횡횡하는 독심 줄 널린 세상

나비가 말씀에 속아 거미줄에 걸린다

수화기 너머 들려온 날카로운 비명 소리
뻥에 이골났지만 애탄 모정 이체 소리
계좌는 텅 비어 버렸고
거미는 자적하다

어둠을 섞은 문자 가슴 두근거리지만
평정심 잃지 않고 끝까지 추적한다
드디어 바늘에 걸려든 혀
꿰매고 또 봉인한다

단풍나무 성찰기

오랜 시간 흘렸을 눈물진 얼룩도 따뜻하다
바람이 새긴 상처 뒤틀렸어도 괜찮다
어쩌다 비밀이 새고
귀밑부터 붉어졌다

멈추지 않는 혀 고장이 났나 보다
이면의 주홍 글씨 점점 또렷해지고
온몸이 붉은 글씨체
열병 앓는 사람들

수백 년이 지나도 풀지 못한 몸의 족쇄
부추기는 바람, 햇살
손의 유희에 숨 막히다
뭇사람 희롱한 죄목이 가을 끝에 걸린다

상처 난 목울대에 새살이 돋는 일은
서설(瑞雪)의 몫이라고 힘주어 말한다
떠나는 잎새를 붙들고
주홍 글씨를 지운다

날개를 펴다

검붉은 애기들이 속살대는 서녘 하늘
구멍이 뚫려 버린
한 여인의 엎드린 생
건너온
빈 하늘에는
새 울음만 버석이고

담쟁이덩굴처럼 앞만 보고 달린 시간
막상 담을 넘고 보니 고지가 사라져 버린
아릿한 파편의 흔적
달빛 꿈이 서럽다

사윈 달은 버리고 영묘의 달 끌어다가
불면을 다독이며 행간마저 채운 활자

마른 꿈 성수에 불려서
날갯짓 해보는 밤

구두 병원장

이동식 고철 상자 한 평 남짓 될까 말까
구석진 인도에서 병든 구두 기다리며
폭염을 견뎌온 당신 구슬땀을 치고 있다

개집처럼 낮은 지붕 햇발에 괘념 않고
주름진 손가락이 마술처럼 움직이는
당신의 말라버린 꿈이
망치 소리에 걸린다

에어컨 틀어놓고 못질 한 번 해봤으면
가난이 좀처럼 박혀 드난살이 못 면해도
당당한 가게 하나 갖는 꿈
후끈 달아오른다

자갈치 시장을 그리다

해상 풍속계가 질척이는 어물 난장
여차하면 바다로 뛰어들 것만 같은
싱싱한 먹갈치들이
결속하며 망을 본다

아지매 호객 소리 걸쭉하게 귀 때린다
대야 속 준치들은 도망쳐도 맨땅이지
눈 감고 바다를 회상하며
묵언수행하는 대구

내장도 아가미도 버리지 말라 한다
칼질하는 아지매 입담도 담아낸다
결속을 풀어헤치는
한 생이 염장 된다

강남 옷 수거함

입구는 명쾌하고 군침이 도는 입속
똑같은 가품이 온라인을 달구는데
몇 해 전 명품 패딩이 배 속에서 나온다

중고 명품 시장에서 고가에 팔리는 옷
팔 끝의 결점 하나 미세한 스크래치
노숙자 야릇한 웃음
해진 옷 무는 길냥이

빛 잃은 부츠 한 켤레 광내니 명품답다
패딩을 걸쳐 입고 부츠까지 신고 보니
한파가 두렵지 않아
근심마저 사라진다

문어대가리

포식자 득실거리는 바다에 살다 보니
한 팔을 던져주고 한 발도 떼어 준다

수족은 또다시 자라는 자적한 문어 나라

명퇴를 하고 난 후 알뜰히 연명하다
도처에서 노리는 협잡꾼에 당한 가장

퇴직금 입에 넣어주고 팔다리가 저리다

노인의 텅 빈 가슴 울화만 차오르고
자라지 않는 수족 빛나는 문어대가리

모자를 꾹 눌러 쓰고 뜯긴 상처 기운다

노점상

다닥다닥 붙은 가게 세 하나 내지 못해
골목길 한 쪽 구석 기세 죽은 노점상
좌판 위 푸성귀들이
햇살 속에 졸고 있다

쭈구리고 앉아서 잔 파 다듬는 할머니
상추를 담아주다 몇 장 더 얹는 인정
단정한 잔파들 마저 바구니에 담는다

주름진 얼굴 위로
해 맑은 햇살 한 점
빙그레 웃으시며 손 흔드는 할머니
난장은 활기를 띠며
푸성귀를 깨운다

어둠의 색깔

사방이 벽인 숲에 해가 들지 않는다
나무들 틈 사이로 부서지는 그림자
공포가 떠밀려온 곳
출구 잃고 헤매는 숲

허공의 퀭한 눈이 어둠을 짓고 있다
더미되는 과정이 생생히 중계되면
얼굴에 분장을 한 아이
바닥 끌어당긴다

존엄은 생의 자취, 흔적이 지워지고
뭉개진 나무 사이로 흐르는 붉은 꽃물
믿음은 절멸의 꽃대 되어
핀 꽃마저 짓이긴다

굉음에 휩싸인 숲 날지 못해 엎드린 새
숨통을 조인 바람 절규가 휘날린 날
어둠은 지름길로 돌아선
푸르고도 짙붉은

유기 믹스견

모태로 돌아가는 꿈인 줄만 알았다
어둠은 익숙하고 바닥은 푹신하다
침대는 또 솟아오르고
패딩 속에서 잠든다

각자 다른 숨소리가 녹아있는 옷 내음
수거함에 집어넣은 마음을 헤아린다

북새풍 울음소리가 철문을 비집는 밤

버려진 옷이지만 귀중하게 쓰임 받고
난 혈통을 저버린 쓸모가 없는 존재

햇귀에 겨우 눈 뜬다
그루밍을 느낀다

가치 있는 헌 옷처럼 볼수록 매력 발산
믹스견* 독특해서 빛 발하는 아우라

가치가 상승하면서 현생 몸값 부푼다

*믹스견: 서로 종(種)이 다른 개들이 교배하여 낳은 개.

바람의 진술

사방은 벽뿐이다 출구 사라진 골목
인간 더미 속에서 더미(dummy)가 되어간다
지독한 폐소공포증이 도처에 깔린다

빛이 마비된 벽 속 휘청이는 도미노
골목의 아우성이 걸려있는 허공 모서리
허공은 굉음을 안고
숨소리를 삼킨다

가쁜 숨 뱉어 내는 일탈을 꿈꾸는 일
직선이 곡선 되는 부정합의 어울림
축제는 미완의 날개
처참하게 구겨진

암호 화폐 거래소

깊은 밤 애벌레는 어둠의 젖을 문 채

비트와 알트의 거래 현란하게 움직여요

늘비한 펌핑과 해킹 꿈을 캐는 걸까요

밤새도록 널뛰는 돈 잔고는 마이너스

길 잃었던 시간이 똑딱똑딱 흐르면

꼬리별 손을 흔들어요
홍채 닫는 시간이죠

초점 잃은 아침이 선잠을 깨우더니

시간은 되살아나 그래프를 그려요

물관을 차오른 절정 환상의 봄 물 건너요

가을 하늘에 젖다

구절초 향 짙으니 하늘은 더 높아진다

쪽빛 옷 차려입은 어머니 깊은 눈매
따끈한 국화차 한 잔 우려내고 계신다

하늘을 그리다가 물감을 엎질렀다
구름은 사라지고 점점이 박힌 날개
끼루룩 날갯짓하는 하늘이 참 해맑다

중천에 떠 있는 해 발걸음을 멈추고
걱정을 떠나보낸 초로의 삶 비춘다

여유를 풀어놓고서 가을 한 권 엮는다

마트료시카의 눈물

다산의 복을 받아 열넷을 낳았을 때
아버진 열광 뒤로 전장을 꿈꾼 걸까

기어이 흑토를 짓밟고 흑해의 눈 발갛다

곳간은 충분했으나 만족을 모른 축생
열넷의 아이들은 당신이 부끄러워
겹겹이 회귀해 버리고
어둠속에서 운다

끝없이 이어지는 빗발친 상소에도
명분 없는 도박에 민초들 쓰러지고

깃발 든 여린 눈동자 국경선을 넘는다

재첩국

진하게 우린 국물 재첩국을 마신다
어미의 젖줄기로 섬진강이 키운 열매
속살이 뿜어져 나온
풍미의 맛 즐긴다

팔봉산 물줄기로 태동하여 샛강 되고
지리산의 신내림 그 기운 발아하여
천년이 녹아 흐르는 강
하동에서 머문다

자적한 맑은 물속 소망의 옷을 입고
우뚝 선 알갱이는 깊고도 감칠 나다
한 움큼 정구지 넣은
어미젖을 마신다

인고의 시간으로 자라고 자라나서
동과 서를 아우르는 한탄의 강 화해의 강
깊숙이 녹아 있는 숨
이데올로기를 마신다

갈대의 저녁

햇살은 설핏하고 백발이 휘날린다
물고기는 자라서 어디론가 떠나갔지
만남과 이별의 반복
슬픔도 무뎌진다

들풀은 잡초 아냐 쉬 꺾이지 않는 지조
풀 향기에 취한 새는 떠날 줄을 모르고
수시로 흔들렸지만
고집으로 버틴다

발을 폈다 접었다가, 묶은 머리 풀었다가
새 발톱 간질이다 하루가 지나간다
흐르던 꿈의 잔상을
강어귀에 놓는다

골수에 녹이 슬고 잿빛이 된 시간들
서산에 걸린 몸은 **뼈**대만 앙상하다
맨발로 흐느낀 사연
노을만큼 늘비하다

여름 편지

거미줄 투성인 곳 칠흑으로 기울면
현실의 냉혹함이 차고도 넘치지요

품었던 꿈의 부피에 크레바스 틈 벌려요

나무에 움텄던 꽃 처음을 생각해요
허공에 달궈졌던 뜨거웠던 그 순간들

잘 익은 꿈을 보세요
거미줄은 무시해요

폭우를 잘 견뎌낸 들꽃은 더 고와요
땡볕에 시달려도 포기할 수 없었던 꿈

이 계절 초록빛 모아
붉은 꽃 꼭 피워요

2

단풍나무를 읽다

이명(耳鳴)

고요를 잃은 주어 새끼를 치고 있다
다 자란 문장들이 어디서 나타났나
동살에 맴맴 거리며
반어법을 낳는다

불거진 이슈 공방 이슈로 덮는 세상
신문고 두드리며 청원은 애가 타고
아우성 아우성치는
날개 달린 리트윗

진실이 오도되는 불감증 맞선 걸까
끊이질 않는 부정 줄 잇는 시국선언
날 세운 풍자 단톡방
방하착이 맴돈다

돈쭐 나다

하루 테잎 끊으며 북적이는 도매시장
싱싱한 물건들이 앞다퉈 경쟁하는

소상인 하루 매상을 점쳐도 보는 시간

어느 가게 주인은 매일 같은 품목으로
돈쭐이 났다는데 비결이 궁금하다

햇살이 조근거리는 실내
전염되는 미소 한 점

막 퍼주는 인심으로 뻗어 나간 입소문
기생수*는 물론이고 독거노인 무료 급식

돈쭐을 내고야 말겠다는
SNS의 위력이다

*기생수: 기초생활수급자를 줄인 신조어

포노사피엔스
 - 코인 단톡방

'본방은 비즈니스 정보 공유 방입니다
소우주가 손안에서 펼쳐지고 있어요'

상큼한 방장 로봇의 인사
피고 지는 단톡방

달처럼 뜬 공지 전문가의 입담은
시계의 분침 따라 화폐로 돌변하고
채굴한 코인으로 결재
탐색이 시작된다

구석구석 조명하는 스마트한 알고리즘
신종의 부자 탄생 바닥 기는 중산층
어둠이 퇴화해 버린
뜬눈으로 밝힌 밤

무한대 데이터에 잔고가 사라진다
24시에 중독되다 수정체 빛 잃어버린
미로 속, 더한 환상 속
더빙하는 사람들

포노사피엔스 2

온종일 톡 방에서 풀무질하는 사람
방장 봇 마감 인사 밤 입구에 걸리면
아직도 못다 한 말이
어둠 속을 떠나닌다

비난을 퍼부으며 사라지는 톡 방 사람
누군가 무음 설정 친절하게 올리면
꼰대들 방인가 보군
한 청년 또 떠나고

속성이 판을 치며 이기심만 키운 자리
이미지가 도배된 아침이 또 열린다
오늘도 공허한 안부를
여기저기 퍼나른다

삼색 메밀칼국수

칼국수를 먹으며 바다를 생각해요
조개 속 재잘거리는
바다 얘기 들리나요
바다는 물고기 품은
형체 없는 집이에요

노란색 물고기는 푸른집을 좋아해요
초록색 물고기는 푸른 양탄자가 좋대요
뜨겁게 안기는 바다
후후 불며 먹어요

바다는 먼 산 보며 산 냄새가 그리워요
초록색 물고기가 산새를 불렀어요
바다는 섬을 끌어당겨
흙냄새를 맡아요

깊어진 가을에는 갈 빛이 된 엄마 냄새
속살대는 면 속에서 당신 웃음 기억해요
메밀꽃 하얀 얼굴이
지천에서 환해요

담쟁이

1.
벽면에 스며든 이글거리는 날빛
암적에서 탈출한 한 줄기 빛의 행보
뜨겁게 팔딱이는 벽
우린 기어오르지

뿌리에서 전달되는 꿈의 크기 달라서
저마다 다른 빛깔 붓질을 하고 있다
벽에는 온몸으로 상생하는
풍경이 자라난다

2.
주저앉고 싶을 땐 긴 숨이 필요하다
속 끓인 시간만큼 흙냄새가 나겠지*
단단한 열매 맺도록
비우고 또 비운다

붓질한 다난한 길 오래된 교회당 벽
돌아보니 잘 그려진 아름다운 벽화 한 점
앞장선 당신 기도로
붉게 물든 풍경화

*벼리영 시 담쟁이 벽화에서 차용

다월*

낡은 집 한 채가 쭈그리고 앉아 있다
뼈 사이로 관조하는 빛
보수가 시작되고
팽팽이 긴장 감도는 곳
상처를 발라낸다

연골이 닳아 버린 헤진 활막 사이를
서걱서걱 자르며 짜깁기한 몸뚱이
단단히 한 몸 되는 과정이
MRI에 적나라하다

암호를 풀지 못한 현대판 난치병
독소로 독을 달래며 신열을 견뎌온 생

약방문 비밀 열쇠가
밤 어귀에 걸린다

*다월: 콘크리트 타설 이음 부분에 전단 및 인장 보강을 위해
  삽입하는 철근

동자꽃
   - 동자승의 편지

폭설이 내려앉아 사라진 산길에는
나뭇잎 발자국만 무수히 찍힙니다

암자는 빙설로 얼어붙고
발만 동동 굴렀지요

바위에 걸터앉아 하염없는 기다림
스님은 또 얼마나 목탁 소리 가슴을 칠까요
흰 눈썹 파르르 떨며
폭설을 파고 또 팔까요

스님이 가르친 도, 새기며 인내하며
염주알 돌리다가 깨달음 얻은 자리

큰 스님 다가오더니 딱딱한 몸 품습니다

꽃으로 환생했으니 이 얼마나 기쁜가요
찌든 마음 만져 주는 해맑은 동자 미소

세속의 꽃등이 된 인드라
주홍 걸음 놓습니다

빈집의 동거

떠돌다가 숲속에서 낡은 집을 만났다
거미줄이 대롱거리는 삶을 놓고 떠난 사람
달빛도 걸음 멈추고 용마름에 앉는다

얼룩진 벽지 위를 기어 다니는 미물들
정처 없는 유랑자의 고독한 넋두리를
방안에 풀어놓으면
어느새 잠든 벌레

산짐승 우는소리 득도의 밤 지나고
약수를 들이켜니 피안이 바로 여기
찌든 때 이불 빨래가
햇발 속에 나부낀다

월영교 미투리

금슬이 꽃 핀 자리 천사의 시샘일까
생이별에 무너진 억장
생머리를 잘라내고
당신을 마냥 보낼 수 없어
눈물로 편질 쓴다

머리칼 한 올 한 올 어둠을 섞어서 짠
저승까지 동행하고픈 내 혼이 깃든 작품
무덤 속 서찰과 미투리
아픔을 봉인하며

무덤이 풀리던 날 먹먹해진 세간 이목
미투리 형상 월영교 손 꼭 잡고 걷는 연인
강물에 띄우는 맹세
언약의 꽃 가득하다

향기를 죽이다

늦은 오후 배달된 탐스러운 꽃 한 다발
제 몫 다한 무게로 분해가 시작된다
비릿한 줄기에 엉킨 내음
젖은 사족을 훑는다

안개에 싸여있는 여러 종류의 장미
코랄빛 무비스타, 크림색 하젤과 사틴의 꽃밭
장미의 전성시대는
뭍에서 물로 흐르고

장미를 능가하는 매혹의 진한 향취
독 향을 품은 백합 딴 병으로 옮겨진다

잠결에 숨통을 죄는 향
산 채로 구겨진 꽃

아침의 방바닥이 핏빛에 휩싸였다
신나 섞인 색소가 음흉하게 웃는다
백합의 붉은 울음이 바닥에 흥건하다

향기를 몰라보다니 널 능지처참하다니
밤새 내 우몽을 탓했을 장미꽃이
고개를 푹 조아리며
연신 향을 피운다

난형난제

1. 소
쇠파리 등에 업고 밭고랑 돌고 돈다
창공이 제 마당인 양 나는 새가 부러워
내생은 날개 달린 새
새의 환생 기원한다

접지가 좋다 해도 파편에 망가진 발
발바닥 갈라져도 정처 없이 걷는 생
도살장 끌려가는데 장터 마실 가는 줄

2. 새
무허가 새 둥지는 빙설에 신열 오르고
가을이 버리고 간 고엽만 바삭인다
자유는 방종과 같아서
간당간당한 목숨 줄

일찍 일어난 새가 먹이 잡는다지만
추위에 날지 못해 먹잇감 될 뻔했지
이사를 또 해야만 하는
기약 없이 떠도는 생

옷 수거함

숨들이 엉켜 있는 깜깜한 골방이야
가난과 부유함이 나란히 공평하지
어둠 속 달빛 꿈들은
새 주인이 궁금하지

반지하 셋방에서 곰팡이에 이골났어
홈쇼핑 중독으로 던져진 새 옷이야
함 속의 시간만큼은
모두 다 같은 처지

빛나는 삶 공허한 삶 만감이 버석거려
갑질도 오만함도 멈췄으면 좋겠어
가난이 펼쳐진 곳에
온기가 돼 줄 거야

만추를 보내며

새파란 젊은 꿈이 앞다퉈 물든 자리
시대를 풍미하던 고목이 붉어지면
잡나무 풀어헤친 몸
붉은 글씨 휘갈긴다

분신을 서두르며 잉걸불로 타오르다
사위는 길목마다 밟히는 잎새의 꿈
초설은 중년을 떠밀고
추회하며 돌아본다

한 계절 떠난 자리 바스락거리는 꿈
낙엽은 거름 되고 곳간에 쟁인 결실
평온한 풍경을 남기고
11월이 저문다

단풍나무를 읽다

백발이 오기 전에 핑크로 물들여서
멋스러운 파트너와 왈츠 한 번 춰 봤으면
생각만 했을 뿐인데
양 귓불이 빨갛다

세기를 주름잡던 별들의 당당함도
끝내는 접혀 버린 고엽으로 흐르는 생
늘그막 꿈을 삼키며
노을처럼 물든다

둥지를 이탈해서 나비처럼 날아든 몸
책갈피에 남겨진 고요히 깃든 사랑
모질게 이겨낸 한 생
붉은 사연 듣는다

유자차를 담으며

무딘 칼은 버리고 벼린 칼로 썰어야 해

여름내 모은 향기 날아가지 않도록

씨앗은 걸림돌이지

과감히 버릴 종목

집착은 위험하다고 무수히 말하지만

뼈 앙상해질 때까지 만지고 또 만지지

상처를 버리고 나면

한 생이 거듭날까

3

자연인

구절초

그 산기슭 구절초가 하얗게 폈던 계절
아버진 구름다리 건너 가 버리셨다
엄마는 밀랍 인형처럼 말문을 닫으셨다

스치는 바람에도 듬성듬성 빠져버린
쉰다섯 여인네의 공그르던 세월이
벼리고 벼린 무쇠 가슴 녹여내고 있었다

고통과 힘겨루다 이겨낸 당신여서
거칠고 숱한 상처 강했던 당신이어서
밟혀도 다시 일어선 들꽃인 줄 알았다

때론 여린 가슴이 숨 쉬고 있는 것을,
소녀 시절, 지난 삶을 그리워도 했단 것을
조금도 알지 못했다 상처 투성 가슴도

누군가의 위로가 그립고 그리웠을,
당신도 엄마 품이 그립고 그리웠을,
당신의 아픔을 만진다 상처가 만져진다

당신은 여든다섯 나이테를 껴안고
할머니 무덤에서 눈물로 손질하다
아픈 딸 발 주무르며 그렁그렁 우신다

내 죽음 목전인 날, 구절초 피는 계절
보고픔에 목이 메어 당신을 손질할 때
그 곁에 묻히고 싶다 당신 닮은 꽃과 함께

만추

중년의 오후가 햇발 아래 요염하다
화장을 안 해도 저절로 붉어진 볼
멋지게 차려입고서 왈츠 추러 나간다

바람의 선율 속에 허공을 빙그르르
붉은 것과 노랑의 조화 우린 최상의 케미
서로를 견제했지만
늘그막의 동행자

푸르렀던 꿈들 숨가빴던 열정들
녹아든 중년 속에 범치 못할 아우라
커튼콜 박수갈채가
바닥으로 흐른다

평화를 위한 기도

무너진 계절 위로 어둠이 진 칩니다
간헐한 신음 소리 자유는 얼어 붙고
잔혹한 한파 속에서 길을 잃었습니다

탐욕을 거두시고 폭격을 멈추소서
비탄이 난무하는 피의 역사 잠재우고
잔잔한 평화의 깃발 높이높이 세우소서

인류는 자유함과 평화를 원합니다
약한 것 유린하는 저 벌판의 무질서는
뇌 없는 금수의 세계
어둠의 촌 구하소서

한 뿌리 한 형제가 총부리 겨눕니다
흑토는 스러지고 빈곤이 덮칩니다
가엾은 우크라이나 사랑을 베푸소서

자연인

산기슭 집 한 채가 바람에 대롱인다
세상을 발아래 둔 지주망 속 오브제
적요를 발라 먹는다
달빛 한 점 수묵 한 점

숲마저 깊어지면 어둠이 눈을 뜬다
별들이 기록하는 봄밤의 출산기

-나무가 숨통을 멈추니
걸작이 쏟아졌다-

햇귀를 물고 있는 저 빛나는 아기별
유랑자의 느낌표가 낮달처럼 걸린다
고요가 밀려나간다
명화 한 폭에 젖는다

소라 껍데기

네 무지 낡은 옷에 물감을 칠해본다

갯벌을 삼킨 물감 바다는 멀어지고

긴 항해, 뱃고동 소리, 안에서 서걱인다

파란 한 삶 사라지고 무지개가 떠다닌다

깨끗해서 가벼워진 날빛의 저 당당함

사랑이 네 빈속에서
몽실몽실 차오른다

2.
빈 소라 귀에 대면 파도 소리 들리지
아득히 들려오는 물소리 물새 소리
소금꽃 피어난 바다 숨소리가 들리지

오월 데생

푸른 잎 모아다가 지붕을 엮어놓고
홍자색 꽃잔치는 오늘도 만석이지
담벼락 덩굴장미의 사랑 타령 여전해

모란의 하모니에 노곤한 들고양이
하느작 봄바람이 콧잔등 건드리면
늘어진 하품 소리에 물까치가 포르릉

구성진 이팝꽃이 고봉으로 쌓이면
배고픈 어머니가 눈으로 배 채웠지
꿀벌이 아카시꽃과 살림을 차렸나 봐

커밍아웃

헐벗은 할렘가의 창녀가 꿈틀대고
조신이 말 아끼는 배우가 되기도 한

내 안에 비밀스러운 여자가 살고 있다

하이 C의 음역을, 그 이상을 넘나든다
디바는 오랜 갈망
모호해진 정체성
조롱과 비웃음으로 어둠 속을 기었다

생애 반 내어주고 젊음은 상쇄하고
숫자 2는 통한의 꿈
질긴 가면 벗는다

숨막힌 이면의 날개 소리 없이 날았다

메주를 띄우다

단단한 꿈을 안고 뜨겁게 타오르다
한 꺼풀 밀어내니 집착이 사라진다
스스로 굼뜨는 시간
거듭나는 성찰기

하찮은 출신성분 이겨내 뭉쳐진 삶
무성한 말 닫고서 서로를 잇는 마음
내 안에 고약한 성미
삭이면서 품는다

네모에 깃든 풀낫* 숨과 숨 엉킨 사연
햇볕에 새긴 연륜 땀땀이 담아내면
반평생 주름진 이마
하얀 꽃 펴 오른다

발효된 생의 수레 비탈길 넘어간다
노랗게 잘 익혀서 웃음꽃 핀 항아리
짠물에 녹아들던 생
말간 얼굴 보인다

*풀낫: 지푸라기 옛말

만추의 꿈

동백꽃은 죽어서 기름을 남기었고
밤꽃이 시든 곳에 알밤이 토실하다

젊음을 불살랐는데 쭉정이만 남았네

방종의 바람 속에, 할퀴는 땡볕 속에
반항을 일삼으며 고집을 싹 틔웠지

스러진 시간을 딛고 꽃피우고 싶었어

소리 없이 낡아 버린 청춘의 일기장엔
이글대는 행간들 버석이는 인연, 사랑

우수수 떨어지는 잎

늘그막이 환하다

갈대와 억새

같은 피가 흐르는 종족이 맞을 거야
뭍에서 난 물에서 상극이 되어 버린
어긋난 우리의 운명 서로의 삶 탐했지

넌 질긴 고갱이로 자라난 풀꽃이다
태양의 광기에도 꿋꿋이 버텨내지
땡볕이 발등을 태우고
쑥부쟁이 갉아대도

발끝을 간질이는 물고기 애정 행각
웃음인지 울음인지 끝없이 흔들려도
시절이 무궁무진한 소중하게 다가온 삶

강물이 삼킨 해가 꽃으로 떠오르면
강렬하고 급하고 때로는 우울한 길
은백이 마주한 시간 외로움이 사라지지

복수초 소녀

막연히 북극 성좌 탐났던 소녀 시절
먼 나라 이야기를 희망란에 적었다
밝은 별 되고 싶단 꿈은
꿈같은 일이었다

할머닌 기초수급자, 빈대처럼 붙어 산다
울음을 삼키는 일, 언 몸을 녹이는 일
스스로 익혔던 길에 눈치만 가득하다

온몸이 아팠던 날 엄마가 그립던 날
되돌아온 벨 소리에 원망을 달래면서
독성은 품지 말자며
영글고 또 영글고

난, 눈 덮인 땅을 뚫고 힘찬 꿈을 돋워낸다
황금빛 잔 별칭 얻고 늘 선두를 달린다
꿈같은 꿈을 이루고 밝은 별이 되었다

자가면역질환을 앓다

잠시의 고통이면 얼마든지 이겨내지
전신에 퍼진 염증 볕에 널고 싶었다

한평생 동거해야 할, 통증을 다독인다

내가 나를 공격하는 자살골 터트렸지
스트레스 난무했고 섭취는 방종한 탓,

독소가 혈류를 타고 뼈마디에 걸린다

머리에 돌을 이고 양어깨에 돌을 달고
뾰족해진 돌들은 다리마저 짓이긴다

주먹을 쥘 수 없는 손 달래고 또 달랜다

가을 하늘 크로키

바다가 깊다 한들 저보다 더 깊을까

도나우 푸른 강이 저보다 더 푸를까

층층이 네 그리는 마음

구름 꽃이 피어난다

슬픔이 깊다 한들 저보다 더 슬플까

구름에 새긴 편지 내 맘인 듯 촉촉하다

갈바람 연서를 싣고

당신 향해 떠난다

잃어버린 얼굴

총성과 비명으로 얼룩진 카불의 밤
주리를 튼 깃발이 자유를 삼키었다

겁 없는 자유수호자 외침
총성보다 섬뜩하다

환하게 웃음 짓던 전광판의 모델들
시간을 되돌리며 부르카를 꺼내 입고
온몸의 소름을 덮고
자유마저 덮는다

노예로 전락하는 유린된 자, 여자, 소녀,
무질서를 지배하며 무질서가 재생된다

천 개의 찬란한 태양*이
암흑으로 사라진다

*『천 개의 찬란한 태양』: 아프가니스탄에서 살아가고 있는 여성들의
 이야기를 다룬 소설 제목.

이승에서 저승까지

보름달 닳고 닳아 그믐이 되기까지
서로의 궁합은 치열하게 치대었지
숙세는 비움 모른 채 주야장천 채워지고

집어등 불 밝혀서 이승마저 낚는다
힘주는 낚싯대에 허공이 더 낚여도
발정 난 포유류처럼
욕망의 찌 끝없다

수상한 숙주부터 코로나 변종까지
미세한 먼지부터 핵무기 위협까지
빼곡히 채워진 금생 수장되는 꿈 꾼다

새로운 초승달은
히프노시스 무력증
하현을 향한 길은 노작 노작 비워야지
환골을 거듭한 이승
저승에서 빛날까

대가야 대장장이

수입산 싸구려로 맥 풀린 대장간에

이제 막 잉태한 듯 빛 발하는 칼 한 자루

이력을 갈고 다듬은 숨은 내공 펼친다

불거진 팔뚝 힘줄 불꽃을 아우르다

한평생 담금질한 당신 닮은 또 한 생을

세상 밖 선뵈는 장날 두근대는 심장 소리

현대판 난장으로 사라져간 대장장이

땀으로 점철된 삶 헛되지 않은 선택

가문은 맥이 살아나 대개야 명물 되다

달빛 여정

깊은 밤 어귀에서 숨 고르는 달의 소리

가끔씩 잠을 자고 가끔은 노래한다

또 가끔 사랑도 하며

푸른 강을 건넌다

조금씩 살찌더니 반달이 되었다

이제는 만삭의 몸 양수를 쏟아내고

옥동자 탄생하는 날 보름달이 훤하다

몸무게 줄여야 해 아직도 통통하다

하현을 등에 지고 노작 노작 걷다 보면

그믐날 홀쭉해진 몸 되돌리는 발걸음

파도 타기

은빛을 물고 있는 파도를 넘나들고
유선형 널빤지가 현란하게 춤을 춘다

허공을 선회하면서
하얀 꽃을 피운다

힘주면 잠행하다 힘 빼면 새가 된다
한 쌍의 갈매기가 탄성을 질러대는

재주를 부리는 바람
행위 예술 기차다

4

삭풍에 눈 뜨다

일두 선생을 읽다

유구히 흐르는 강 난세의 달 기운다
오욕의 흰 바람을 우리는 잊었는가
뼈아픈 피의 역사를
붉은 사초를 잊었는가

사화로 닥친 유배 피할 수 없는 운명
조선의 칼바람은 붓끝을 못 꺾는다
죽음은 끝이 아니라
어둔 세상 구한다

한 획을 그으면서 큰 별이 스민 서원
맑고도 진한 향기 절절히 배어 있는
당신은 고요히 앉아
온 지천을 달군다

찬 이슬 먹고 자란 한 떨기 메꽃이듯
흙탕물 발 담가도 꼿꼿한 연꽃이듯
동방의 오현이 되어
천세만세 빛난다

남계서원의 달

청정한 솔향기가
뿌리내린 천년의 숲

한 폭의 수묵화는
만월로 피어난다

풍영루 걸터앉은 달
선비의 얼 밝힌다

일두 문헌공을 그리다

1. 얼룩진 사초(史草)
왜 하필 그 난세에 왕사가 되었던가
충정은 애가 타고 살 에이는 위리안치(圍籬安置)

피바람 몰아친 서슬
지리산도 목놓다

2. 일두유집(一蠹遺集)
행간을 거슬러온 세기 속 빛난 시혼
한 시대 풍미했던 서정을 엮어내고

도학을 새겼던 붓끝
후세에서 꽃피다

3. 일두 고택
애움길 휘돌아서 솟을대문 들어서니
토방을 자박이다 누마루 기댄 노송

무거운, 짐 부려 놓고
큰선비가 반기네

4. 화현가(化現歌)
충신은 고독해도 청잣빛에 스며들고
머흘 길 땡볕에도 금은화*는 피어나지

화현(化現)한 공(公)의 그림자
후밋길이 환하다

*금은화: 인동초 꽃봉오리

함양 남계서원

지리산 더넘바람 문향에 서성이면
통각의 핏물 어린 자미화(紫薇花)*의 선한 미소

고유한 수묵 담채화
명화(名畫) 되어 걸리다

*자미화: 배롱나무꽃

케미를 위하여

칙칙한 마아블링 어긋난 데칼코마니

한 시에 떠났는데 두 시에 찾은 당신

우리는 케미를 향해

동분서주 힘들었지

헛헛한 공허 속에 피어난 한 떨기 꽃

미완성 생 메꾸려 그림자 되있다지

빈틈을 채워주는 사랑

붉게 물든 자서전

우탁 선생
– 사인암 푸르른 솔

돌이 된 캔버스에
초록 꽃 돋아난다
우뚝 선 기암절벽
절리에 새긴 충심
훈풍을 몰고 온 당신
천 년 사표 되었지

목숨을 구걸 않는
서슬 푸른 지부상소
한 시대 곧은 족적
남기는 담론 하나
투명한 운선계곡에
획을 크게 긋는다

문희공 씨앗 되어
다시 핀 초록 나무
너럭바위 쉬다 보니
풍화에 찢긴 세간
난세를 한탄하면서
탄로가를 읊는다

문희공 자취를 읽다
　- 구계서원

세상을 지펴 놓고 천 년을 향해 가는,
질곡으로 거듭난 고유한 서화 한 폭
진덕문 들어선 선비 추경 속에 물든다

널따란 마루 건너
모현사 찾아드니
모과 향 피워 놓고
낙엽을 태운 시월
역학을 읽는 소리가
고요를 깨뜨린다

당신을 흠모하며 노랗게 물든 서정
후대에 울림 되는 청빈한 인생 여정
추향제 올리는 서원 갈바람이 살갑다

창

기억의 언저리에
깜박이는 불빛 하나

문살 무늬 투과하던
현의 울림 더듬는다

경쾌한 오선지 음표
문설주 휘감는 밤

수채화 한 폭 같은 시간이 채색되면

애절한 바이올린 떠나간 아이 생각

주인을 잃어 버린 창 내 가슴을 흔든다

멸치국수

소나기 퍼붓듯이 속이 확 풀어진다
파도가 머물다 간 일몰을 여는 시간

뼈대를 중시 여겼던
가문 내력 읽힌다

푹 삶은 멸치 육수 남겨진 언중유골
한 국자 뜨는 사이 화두를 건져내고

다도해 환히 밝히는 꼬리별이 눈 뜬다

칼칼한 사투리가 익어간 포구 식당
땀땀이 낚는 입담 달빛을 둘둘 말고

쫄깃한 가락의 원조
냉가슴을 달랜다

소문

판돈을 키울수록 몸값은 치솟는다
원래는 왜소한 몸 체중을 불린 결과
온라인 추천 핫 종목
실검 순위 다툰다

꼬리에 꼬리 물고 광고로 키운 괴물
추매가 이어지고 댓글도 매도 금지
상한가 추종 기원문
강추하는 낙관론

전체를 알 수 없는 찌라시 깃털에도
누군가 재산 걸고 누군가 목숨 걸고
개미도 동학군 되어
나를 타고 누빈다

세한도를 그리다

폭설이 잦아들면 외딴집 홀로 눕고
노송의 마른기침 묵향을 품어 낸다
잣나무 높은 지조가 하늘 끝에 닿았다

제주도 귀양살이 원근감 풀어진 섬
갈기를 휘날리면 발자취 된 당신 서체
세한 속 두리번대며
쉬어가는 댑바람

삽살개 한 마리가 어디선가 짖고 있을
쓸쓸한 구도 속에 또렷한 장무상망(長毋相忘)*

송백은 우듬지에서
깊은 우정 살갑다

*장무상망(長毋相忘): 오래도록 서로 잊지 말자는 뜻

도깨비풀

거친 땅 뿌리내려 번성의 열매 맺고
풍경화 한 귀퉁이 비집고 앉았다네

세상에 우뚝 서고픈
당찬 꿈을 꾸었네

가풀막 언덕길에 무럭무럭 자라나
꿈은 꿔야 이뤄진다 어린 풀 다독였네

열매를 에워싼 갈고리
외톨이가 되었네

바늘처럼 자란 성정 울지 않는 풀 없다지
풀섶에 숨었다가 네게 달라붙어서

국경을 넘어간 벨크로*
풍경화의 주역되다

* 벨크로: 도꼬마리에서 착안한 두 폭을 한데 떼었다 붙였다
  하는 물건

기러기 가족

1.
꿈의 산지라 부르는 가나안 땅 쫓아서
두려움 꾹 누르고 태평양 건넌 자리
신록은 장엄했지만
개척해야 할 황야

문화는 생경하고 언어에 말문 닫고
큰 나무 작은 둥지 시작된 드난살이
설움이 스멀거리는
이 산 저 산 기러기들

아이 꿈 핑계 삼아 자유 찾아온 도래지
자유가 활개 치는 꿈 꿔온 땅의 민낯
자유는 자유를 옭아매고
부랑아를 키운다

2.
난해한 삶의 공식 난제는 깊어 가고
바닥 드러낸 통장 쌓이는 빈 술병들
아버진 와병을 붙들며
사랑가에 목멘다

포노사피엔스 3

온라인 사업자가 속출하는 MZ 세대
반 생이 걸려있는 SNS는 연구소

광고가 대박을 치면 댓글 달며 달린다

스마트폰 쳇 방이 관리하는 고객들
후기를 내세우며 오늘이 눈을 뜬다

야심찬 인플루언서 블로그를 읽는다

늘어나는 게이머 공역이 사라진다
한 번쯤 베팅해서 큰돈을 벌었으면

시간이 삭제된 줄 모르고 폰 삼매에 빠졌다

감사

당신의 응원가에 가슴이 먹먹해요
멘탈을 꽉 잡고서 어둠을 헤쳤는데
태양이 밀어버렸죠
벼랑 끝에 서 있어요

햇발 사라졌지만 빛을 부르는 당신
말의 씨앗들이 움트며 꽃피워요
향기가 사방에 퍼져
밝은 내일 약속해요

삭풍에 눈 뜨다

기운 차린 햇귀는 산하를 두루 살펴
눈석임물 뿌리면서 헐벗은 땅 녹여내죠
빙벽을 발로 차면서
꽃대 밀어 올려요

어녹은 길 다독이면 연두잎이 솟아요
꿈나라 북극에서 눈 못 뜨는 풀꽃들
여행은 곧 끝날 거야
꽃밭 환해질 거야

된바람 품어내면 한층 더 여물겠죠
시련은 꼭 지나요 조금만 더 견뎌요
눈부신 선물이에요
황금빛깔 아이들

데칼코마니

지독한 자기애가
내면에서 반짝인다

투명한 너 때문에
들켜 버린 속마음

가끔씩 흔들렸지만
다시 네게 물든다

시집(詩集)을 가봉하다

풀어진 시어 모아 마름질을 해본다
질풍의 보드기와 초로의 원숙함을
무수히 적바림했던
부끄러운 자화상을

먹물 찍어 글을 그려
회화를 완성하고
낙관을 찍으려니 파르르 떨리는 손
종이에 녹아 있는 결
아리고도 여리다

푸르게 더 푸르게
들꽃은 화사하게 서걱이는 꿈들을
오랜 시간 박음질한
고유한 나의 창작품
가슴으로 안는다

서평

창조적 상상력을 통한 초월적 휴머니즘의 완결판
– 시집 『자갈치 시장을 그리다』의 시 세계

정유지 (문학평론가, 경남정보대 디지털문예창작과 교수)

1. 창조적 상상력, 정진 위한 자각(自覺)의 퍼포먼스

"물고기는 자지 않는다. 끊임없이 목적지를 향해 응시하고 움직일 뿐이다."

사찰에 가면 추녀 밑 풍경 끝에 물고기가 매달려 있다. 목어(木魚)다. 물고기는 푸른 하늘을 휘젓고, 밤마다 은하수를 타고 논다. 물고기는 불교에서 '수행 정진'을 상징한다. 물고기는 잠을 잘 때도 눈을 감지 않는다. 물고기처럼 잠을 자지 말고 수행에 정진하라는 의미를 지닌다. 수행자는 항상 눈을 뜨고 있는 물고기처럼 깨어 있으라는 의미와 통한다. 부처처럼 눈을 뜨라는 불법의 상징이다. 벼리영 시인의 시집 『자갈치 시장을 그리다』는 목어처럼 우리 시대를 휘젓고 있다. 바람이 불 때마다 깨어서 운다. 아름다운 인간의 정체성을 회복하는 정갈하고 품격있는 시적 언어로 노래하고 있다.

벼리영 시인의 휴머니즘(Humanism)적 경향의 작품 속에는 자각, 해탈의 물보라를 생성시키고 있다. 시인의 질박한 시적 언어가 오히려 거짓 없이 아름다운 자화상으로 재해석할 수 있다. 이는 인간이 가장 인간다워지려는 휴머니즘으로 이어진다. 연어와 같은 회귀의 캐릭터를 지니고 있다. 누구나 자신을 나타내고 싶은 욕망이 있다. 그러나 그런 욕망 역시 휴머니티 미학으로 재생산시킨다면 새로운 아이콘(Icon)으로 변신이 가능한 것이다. 이 자성(自省)의 아이콘을 벼리영 시인이 선보이고 있는 것이다. 서정성이 깃든 아이콘은 상생의 물보라를 생성시킨다.

벼리영 시인은 기하학적 상상력으로 창조한 작품을 빚어내고 있다. 「배설의 기하학」에서 이를 확인할 수 있다.

> 짐승 똥 비싼 연유가 분으로 빛 발할 때
> 변질된 필름 한 장 정박된 생 톺고 있는
> 섬마을 사향고양이
> 고엽처럼 구겨진다
>
> 속수무책 고삐 꿰어 잡혀 온 그날부터
> 탐욕에 저당 잡힌 몸 무덤은 깊어 가고
> 녹슬고 뒤틀려 버린 생
> 야금야금 씹어댄다
>
> 정신줄 놓고 살아 명줄마저 짧아진
> 먼 산 보는 그렁한 눈 흰 달빛의 그루밍
> 오늘도 커피 제조기 삶
> 덧없이 쏟아낸다
>
> ― 「배설의 기하학」 전문

세상에서 가장 비싼 커피는 사향고양이 변에서 추출한 '루왁 커피'다. 루왁은 인도네시아어로 사향고양이를 뜻한다. 사향고양이에게 커피 열매를 먹여 그 사향고양이가 싼 똥에 들어있는 원두를 채집해서 추출하여 로스팅하는 방식으로 만들어진다. 사향고양이가 잘 익은 커피 체리를 골라 먹은 후 커피 열매의 과육은 소화를 시키고 파치먼트 상태의 커피를 배설하는데, 소화되는 과정에서 몸속의 효소로 발효과정이 진행되면서 루왁커피 특유의 맛과 향이 나게 된다. 희소성 때문에 가격이 비싸다보니 사향고양이를 잡아다 가두고 사육을 해서 커피를 제조하게 하는 동물학대가 자행되고 있다. 인간의 욕심은 끝이 없다. 사육된 사향고양이는 스트레스로 2~3년밖에 살지 못한다고 한다.
　시인은 재생의 시간을 염두에 둔다. 「구두병원장」에서 확인할 수 있다.

　　　　이동식 고철 상자 한 평 남짓 될까 말까
　　　　구석진 인도에서 병든 구두 기다리며
　　　　폭염을 견뎌온 당신 구슬땀을 치고 있다

　　　　개집처럼 낮은 지붕 햇발에 괘념 않고
　　　　주름진 손가락이 마술처럼 움직이는
　　　　당신의 말라버린 꿈이
　　　　망치 소리에 걸린다

　　　　에어컨 틀어놓고 못질 한 번 해봤으면
　　　　가난이 좀처럼 박혀 드난살이 못 면해도
　　　　당당한 가게 하나 갖는 꿈
　　　　후끈 달아오른다
　　　　　　　　　　　　　　　　　　　— 「구두병원장」 전문

도롯가 가로수 아래 자그마한 이동식 양철집을 심심찮게 볼 수 있다. 비좁아서 사람 한 명 겨우 들어갈 것 같은 곳에서 구슬땀을 흘리며 구구 수선공이 일하고 있다. 양철 벽면에 씌어진 구두병원, 그는 구두 병원장이다. 그동안 힘들게 살아왔을 행적이 고스란히 노출된 그의 일터, 그에게도 꿈이 있을 것이다. 변변찮은 수입으로 엄두를 못내지만 그래도 내 가게 하나 갖는 꿈은 허황된 꿈이 아니다. 그는 오늘도 비지땀을 흘리며 망치를 두드리고 있다.

시인은 부산의 명소를 찾는다. 「자갈치 시장을 그리다」에서 이를 확인해 볼 수 있다.

> 해상 풍속계가 질척이는 어물 난장
> 여차하면 바다로 뛰어들 것만 같은
> 싱싱한 먹갈치들이
> 결속하며 망을 본다
>
> 아지매 호객 소리 걸쭉하게 귀 때린다
> 대야 속 준치들은 도망쳐도 맨땅이지
> 눈 감고 바다를 회상하며
> 묵언수행하는 대구
>
> 내장도 아가미도 버리지 말라 한다
> 칼질하는 아지매 입담도 담아낸다
> 결속을 풀어헤치는
> 한 생이 염장 된다
>
> ― 「자갈치 시장을 그리다」 전문

자갈치 시장은 부산을 대표하는 명소로 국내 최대의 수산시장이다. 아쿠아리움에서나 볼 수 있는 희귀 어류들도 자갈치 시장에서 그대로 볼 수 있다. 그만큼 많은 어류들이 있다. 건물 안에 생선 가게들이 즐비하지만 옛 재래시장 정취를 갖춘 건물 밖 노점도 아직 볼거리로 존재한다. 좌판 위에는 싱싱한 생선들이 손님을 기다리고 있다. 생선을 구워 파는 간이 식당들 횟집 등 자갈치 시장에 가면 시민의 발걸음과 상인들의 입담이 끊이질 않는다. 시인은 자갈치 시장의 생생한 모습을 담백하게 그려내고 있다. 부산 사투리가 왁자한 호객 소리, 생선 다듬는 소리, 좌판 위에 놓인 물고기들이 금세 바다로 뛰어들 것 같다는 선명한 모습들, 자갈치 본연의 모습을 살려낸 작품으로 평가할 수 있다.

 시인은 2022 할로윈데이 용산 참사를 기억한다. 「어둠의 색깔」에서 이를 확인할 수 있다.

> 사방이 벽인 숲에 해가 들지 않는다
> 나무들 틈 사이로 부서지는 그림자
> 공포가 떠밀려온 곳
> 출구 잃고 헤매는 숲
>
> 허공의 퀭한 눈이 어둠을 젓고 있다
> 더미되는 과정이 생생히 중계되면
> 얼굴에 분장을 한 아이
> 바닥 끌어당긴다

존엄은 생의 자취, 흔적이 지워지고
뭉개진 나무 사이로 흐르는 붉은 꽃물
믿음은 절멸의 꽃대 되어
핀 꽃마저 짓이긴다

굉음에 휩싸인 숲 날지 못해 엎드린 새
숨통을 조인 바람 절규가 휘날린 날
어둠은 지름길로 돌아선
푸르고도 짙붉은

— 「어둠의 색깔」 전문

  인용된 것은 2022년 할로윈데이 용산 참사를 소재로 한 작품이다. 시인은 일 년 전으로 돌아가 안타깝고 슬픈 소식을 전하고 있다. 할로윈 축제가 미국에 전해진 시기는 1800년대로 아일랜드와 스코틀랜드로부터 온 이민자들에 의해서였다. 결국 오늘날 우리가 즐기는 할로윈 축제는 오래전 이교도들에 의해 행해졌던 정령 축제가 '못된 장난'을 치며 즐기는 밤으로 부활하게 된 것이다. 매년 10월 31일에 열리는 이 축제는 독특한 특성 때문에 주목을 받고 있다. 이날은 죽은 영혼들이 살아나 땅 위로 나와 활동하는 시간으로 여겨진다. 이로 인해 많은 사람들이 공포스럽고 괴기한 모습의 복장을 하거나 공포영화를 감상하며 즐긴다. 미국을 중심으로 크게 사랑받는 명절 중 하나였는데 서양 문화인 할로윈 행사가 우리나라에 전해져 온 것은 그리 오래되지 않았다. 공포와 재미, 유령과 마녀, 사탕과 호박의 축제로 전 세계적으로 자리를 잡고 있다. 한국도 언제부터인가 할로윈데이의 정확한 의미도 모르면서 할로윈데이를 즐기고 축제를 벌이고 있다. 시인은 수많은 젊은이들이 영적으로 어둠의 세력들에게 잠식되어 가고 있음을 피력하고 있다. 이제부터라도 영적으로 어둠의 세력들에게 무너져가는 모습을 부각하면서, 동시에 우리의 다음 세대들을 위해 영적으로 바로 세웠으면 하는 시인의 바람이 전해진다.

  시인은 밤마다 잠을 설친다.「이명(耳鳴)」를 통해 확인할 수 있다.

> 고요를 잃은 주어 새끼를 치고 있다
> 다 자란 문장들이 어디서 나타났나
> 동살에 맴맴 거리며
> 반어법을 낳는다
>
> 불거진 이슈 공방 이슈로 덮는 세상
> 신문고 두드리며 청원은 애가 타고
> 아우성 아우성치는
> 날개 달린 리트윗
>
> 진실이 오도되는 불감증 맞선 걸까
> 끊이질 않는 부정 줄 잇는 시국선언
> 날 세운 풍자 단톡방
> 방하착이 맴돈다
>
> ─「이명(耳鳴)」전문

  이명의 정의를 살펴보면, 외부 소리 자극이 없는데도 귓속 또는 머릿속에서 소리를 느끼는 현상을 말한다. 본인은 이명으로 인해 괴롭더라도 주변 사람은 그 소리를 듣거나 느낄 수 없다. 이명 그 자체는 병이 아니라 귀와 관련된 많은 질환에 동반되는 하나의 증상이라고 한다. 이명은 대부분은 주파수가 높은 금속성의 소리이다. 소리의 성상과 병의 원인과의 연관성은 거의 없다고 알려져 있다.

시인은 이명에 대해 고요를 잃었다고 말한다. 고요를 잃은 세상이 새끼를 치고 있다고 한다. 새벽부터 울어대는 매미처럼 시끄럽고 가증한 사람들에 대한 충고와 작금의 시대상을 풍자하고 있다. 세상의 혼란을 이명으로 환유하고 있다. 무소유를 의미하는 방하착을 들고 와 내려놓으라고 말한다.

2. 생각은 꿈을 낳고,
   다시 실제와 환상의 경계를 무너뜨린다.

장주지몽(莊周之夢)은 사물과 한 몸인 경지를 일컫는다. 즉, '나와 외물은 본디 하나인데, 현실에서 갈라진 것에 불과하다'는 이치를 비유적으로 이르는 말이다. 장자(莊子)가 '꿈에서 나비가 되었다가, 꿈을 깬 뒤에 자기가 꿈에 나비가 되었는지 원래 나비인 자기가 인간의 꿈을 꾸고 있는 것인지 판단하기 어렵다'고 했다는 고사(故事)에서 유래한 말로, 장자 사상의 바탕을 이루는 근간이 된다. 꿈속에서는 나비가 됐다가 깨어보니 원래의 모습으로 돌아왔다. 이것이 바로 '장주지몽'의 심오한 철학인 것이다. 시인은 삶과 꿈, 실제와 환상 사이의 경계를 무너뜨리며 우리에게 묵직한 철학적 사유와 자아성찰의 돌직구를 날리고 있다. 인간의 삶이란, '끊임없이 꿈꾸는 과정'임을 은연중에 제시하고 있다.

한편 개인주의와 물질 만능주의가 판치는 시대에 벼리영 시인의 시집 『자갈치 시장을 그리다』는 독자들을 비롯한 일반 대중들을 따뜻하게 품는 역할을 하고 있다. 창조적 상상력을 바탕으로 한 가운데, 휴머니즘적 세계관과 휴머니즘 경향의 세계관을 통해 독특한 미학적 효과를 낳고 있다.

시인은 현실을 진단한다. 「포노사피엔스」를 통해 이를 확인할 수 있다.

'본방은 비즈니스 정보 공유 방입니다
소우주가 손안에서 펼쳐지고 있어요'

상큼한 방장 로봇의 인사
피고 지는 단톡방

달처럼 뜬 공지 전문가의 입담은
시계의 분침 따라 화폐로 돌변하고
채굴한 코인으로 결재
탐색이 시작된다

구석구석 조명하는 스마트한 알고리즘
신종의 부자 탄생 바닥 기는 중산층
어둠이 퇴화해 버린
뜬눈으로 밝힌 밤

무한대 데이터에 잔고가 사라진다
24시에 중독되다 수정체 빛 잃어버린

미로 속, 더한 환상 속
더빙하는 사람들

― 「포노사피엔스」 전문

 인용된 작품의 '부제'는 '코인 단톡방'이다. 일반적으로 '포노사피엔스(Phono Sapiens)'는 '슬기로운 인류'라는 뜻의 '호모 사피엔스(Home Sapiens)'와 새로 나온 스마트폰을 손에서 놓지 못하는 인류가 합해져서 생긴 신조어다. 포노사피엔스는 영국 주간지 이코노미스트(The Economist)에서 처음 등장한 말이다. 스마트폰에 의해 삶이 변화될 것이라는 예측을 인류의 조상인 '호모 사피엔스'에 비유해 만들었다. 일부가 아닌 대다수 인구가 스마트폰에 의존하는 삶을 살게 된다는 뜻이다. 스마트폰이 탄생한 지 10년 만에 이제 인류의 표준은 '포노사피엔스'로 바뀌었다고 해도 결코 지나친 말이 아니다. '스마트폰 중독'은 정식 질병이 아니지만 정신과 신체에 부정적인 영향을 줄 수 있다는 연구 결과가 계속해서 나온다. 상황은 한층 심각해졌다. 휴대전화가 없을 때 불안감이나 공포감을 느끼는 사람들을 묘사하는 '노모포비아'(No mobile-phone phobia의 줄임말)라는 용어가 더 자주 쓰인다.

 사람들은 밥을 먹다가도 일을 하다가도 데이트를 하다가도 새 메시지, 새 게시물 또는 새 댓글을 알리는 알림 소리에 주의가 산만해진다. 스마트폰을 이용하지 않아도, 소지한 것만으로 집중에 어려움을 겪는다는 연구 결과도 있다. SNS 중독에 가까운 상태로 생활하는 사람들이 많다. 시인은 포노사피엔스 시대에 스마트폰에 중독되어 살고 있는 이들을 '코인 단톡방'으로 초대해서 구체적으로 진술하고 있다. 코인은 주식과 달리 24시간 운영된다. 잠을 설치며 게임에 몰입하듯 코인에 집중하는 사람들, 미로와 환상 속을 기고 있다고 경고한다. '코인과 같은 도박에 중독되면 안 된다.'는 경종의 메시지를 담아내고 있다. 인간의 욕심이 점점 높아만 가는 것을 시인은 개탄하며 자각하고 있다.

시인은 깨달음을 얻기 위해, 「다월」을 연결한다.

> 낡은 집 한 채가 쭈그리고 앉아 있다
> 뼈 사이로 관조하는 빛
> 보수가 시작되고
> 팽팽이 긴장 감도는 곳
> 상처를 발라낸다
>
> 연골이 닳아 버린 헤진 활막 사이를
> 서걱서걱 자르며 짜깁기한 몸뚱이
> 단단히 한 몸 되는 과정이
> MRI에 적나라하다
>
> 암호를 풀지 못한 현대판 난치병
> 독소로 독을 달래며 신열을 견뎌온 생
> 약방문 비밀 열쇠가
> 밤 어귀에 걸린다
>
> ― 시조, 「다월」 전문

다월은 각주에서 밝히고 있지만 콘크리트 타설 이음 부분에 전단 및 인장 보강을 위해 삽입하는 철근을 말한다.

다월이 없으면 건물이 단단해지지 않는다. 이음 부분이 약해져서 자칫 사고로 이어질 수 있기 때문이다. 콘크리트로 타설하는 모든 건축물에는 꼭 필요한 철근인 것이다. 시인은 다월을 인간의 뼈로 환유했다. 고장난 인간의 관절을 의미하고 있다. 시인은 자가면역질환을 앓으며 투병 생활을 하고 있다. 자가면역질환은 아직 치료약이 없는 난치병으로 분류된다. 자신의 세포가 자신을 공격하는 것을 말하며 활막을 갉아 먹어 관절이 손상된다고 한다. 마땅한 치료약이 없어 스테로이드라는 약으로 독을 달랜다고 말한다. 스테로이드는 오래 복용하면 위험한 약이기도 하기에 주의가 필요한 약이다. 시인의 고뇌가 엿보이는 아픈 대목들이다.

시인은 「향기를 죽이다」에서 심상의 오류를 발견한다.

> 늦은 오후 배달된 탐스러운 꽃 한 다발
> 제 몫 다한 무게로 분해가 시작된다
> 비릿한 줄기에 엉킨 내음
> 젖은 사족을 훑는다
>
> 안개에 싸여있는 여러 종류의 장미
> 코랄빛 무비스타, 크림색 하젤과 사틴의 꽃밭
> 장미의 전성시대는
> 뭍에서 물로 흐르고
>
> 장미를 능가하는 매혹의 진한 향취
> 독 향을 품은 백합 딴 병으로 옮겨진다
>
> 잠결에 숨통을 죄는 향

　　　　산 채로 구겨진 꽃

　　　　아침의 방바닥이 핏빛에 휩싸였다
　　　　신나 섞인 색소가 음흉하게 웃는다
　　　　백합의 붉은 울음이 바닥에 흥건하다

　　　　향기를 몰라보다니 널 능지처참 하다니
　　　　밤새 내 우몽을 탓했을 장미꽃이
　　　　고개를 푹 조아리며
　　　　연신 향을 피운다
　　　　　　　　　　　　　　　　　—「향기를 죽이다」 전문

　시인은 한 다발의 꽃을 선물로 받은 것에 대한 시적 감흥을 노래하고 있다. 백합은 향기가 강하고 독소를 가지고 있어서 침실에 많은 수량의 백합 향기를 맡으며 자다 보면 치명적일 수 있다. 몇 송이 백합이라 별걱정 없이 안방에 놓고 잠들었는데, 잠결에 독한 냄새에 시달렸고 원인이 백합이라 생각한 시인은 비몽사몽 백합을 쓰레기통에 넣어버린 것이다. 아침 일어나보니 와인색 신나 물감이 엎질러져서 난 냄새였던 것을 알고 후회를 한다는 내용이다. 경거망동했던 자신을 반성하는 것을 장미의 모습으로 구현하고 있다. 현대시조의 정점을 보여주는 시조다,
　시인은 길거리를 가다가 발걸음을 멈춘다.「옷 수거함」에서 확인할 수 있다.

　　　　숨들이 엉켜 있는 깜깜한 골방이야
　　　　가난과 부유함이 나란히 공평하지
　　　　어둠 속 달빛 꿈들은

새 주인이 궁금하지

반지하 셋방에서 곰팡이에 이골났어
홈쇼핑 중독으로 던져진 새 옷이야
함 속의 시간만큼은
모두 다 같은 처지

빛나는 삶 공허한 삶 만감이 버석거려
갑질도 오만함도 멈췄으면 좋겠어
가난이 펼쳐진 곳에
온기가 돼줄 거야

―「옷 수거함」 전문

　시인은 지나가다 흔히 발견하는 옷 수거함을 예사롭게 보지 않았다. 옷 수거함은 헌 옷을 내놓아 잠시 보관해 두는 큰 상자나 통이다. 헌 옷을 재활용하여 사회적인 취약 계층을 돕고자 하는 목적으로 설치해 놓고 있다. 알고 보면 이렇게 모인 헌 옷들은 수출업체로 보내진다. 이 중 80%는 수출되고 15%는 쓰레기로 분류되며 나머지 5%만이 빈티지 의류로 유통된다고 한다. 수거함에는 여러 종류의 옷들이 있을 것이다. 그곳엔 가난도 부유함도 모두 공평해진 옷들뿐이라고 시인은 일갈한다. 아무리 비싼 옷도 수거함에 들어가는 순간 다른 옷들과 사정은 같아진다. 가난과 공평해지는 순간이다. 이 사회에서 심심찮게 갑질이 행해지는 것을 목격한다. 시인은 오만과 갑질이 멈춰주길 호소하고 있다. 이젠 갑질에서 벗어나 가난한 이의 온기가 되어달라고 한다.

　시인은 자연인의 삶을 통해 끊임없이 성찰하고 있다. 「자연인」을 통해 이를 확인할 수 있다.

> 산기슭 집 한 채가 바람에 대롱인다
> 세상을 발아래 둔 지주망 속 오브제
> 적요를 발라 먹는다
> 달빛 한 점 수묵 한 점
>
> 숲마저 깊어지면 어둠이 눈을 뜬다
> 별들이 기록하는 봄밤의 출산기
>
> -나무가 숨통을 멈추니
>   걸작이 쏟아졌다-
>
> 햇귀를 물고 있는 저 빛나는 아기별
> 유랑자의 느낌표가 낮달처럼 걸린다
> 고요가 밀려나간다
> 명화 한 폭에 젖는다
>
> ―「자연인」전문

  자연인은 〈나는 자연인이다〉에서 착안한 시조다. 〈나는 자연인이다〉는 온갖 스트레스에 지쳐 가는 도시인이 가진 것 없어도 여유와 행복을 느끼며 살아가는 자연인을 찾아가는 자연/여행/음식/인생에 대해서 논하는 교양 프로그램이다. 자연인들은 험난한 산악 너머의 오지에 머무르는 경우가 많다. 사람들이 떠난 빈집을 사들이거나 빌려서 수리해서 사는 경우가 많고, 나름대로 기술 및 경험이 있는 사람들은 직접 나무와 흙, 돌을 활용해 스스로 집을 짓는 경우도 있다. 특이한 케이스로 '동굴'에 사는 사람도 있다. 문명의 이기에서 벗어나 자연을 벗 삼으며 생활하는 자연인은 마음을 비우지 않으면 생활하기가 힘들다. 그저 산이 좋아서 왔다는 사람, 사업실패 이후 왔다는 사람, 자신의 질병을 고치기 위해 들어왔다는 사람, 운동권에서 활동하다, 독재 시절 숨기 위해 들어왔다가, 친환경적인 삶에 매료되어 그대로 머물렀다는 사람, 아내 혹은 어머니의 건강을 위해 들어왔다가 아예 자리 잡았다는 사람, 심지어 탈북자 출신의 출연자도 나오는 등 각자 다양한 사연들이 있다. 특히나 친환경적인 가치관과 욕심 없고 소박한 '안빈낙도(安貧樂道)'의 자세를 추구하는 경향은 공통적으로 발견된다.

만물에는 고정 불변하는 실체로서의 나[實我]가 없다. 무아(無我)의 뜻이다. 자연과의 합일을 추구하는 자세를 무아로 표현하기도 한다. 시인은 자연인에서 큰 깨달음을 얻고 있다. 마음을 비운 채, 세상과 등지고 해탈한 존재가 바로 자연인이다. 지주망(蜘蛛網)은 거미가 몸에서 실 같은 줄을 뽑아서 공중에 그물 모양으로 얽어서 쳐 놓은 것이다. 지주망은 꾸미지 않은 자연 그대로의 집을 상징한다. 해탈의 상태를 말한다.

벼리영 시인의 시에서는 휴머니즘적 세계관을 통해 꿈과 현실, 그리고 자아와 세계 사이의 경계에 대해 고민하며 성찰하고 있음을 엿볼 수 있다. 그만큼 시인의 내적 자아를 충실하게 구현시킴으로써 휴머니즘적 세계관 또한 구축하고 있다. 아울러 무아와 해탈에서 보여주고 있듯 삶의 가치를 자연의 순환과 순리에 부합되게 살려는 삶의 의지가 돋보인다.

시인은 이른바 자기 존재를 자각하고, 선적 상상력을 창조하고 있다. 시인이 창조적 상상력을 근간으로 한 일상에서 발견해 낸 시적 공간을 통해 자유 의지를 향유할 삶의 연결고리를 재생시키고 있다.

자신만의 독특한 언어로 심상의 날개를 펴는 벼리영 시인이 하루빨리 건강을 회복하여 더 왕성한 창작 활동을 이어나가길 기원한다.

자갈치 시장을 그리다

2023년 11월 10일 1쇄 1판 발행

지은이 / 이영숙(벼리영)
발행인 / 강병욱

발행처 / 도서출판 교음사

03147 서울 종로구 삼일대로 457 수운회관 1308호
Tel (02) 737-7081, 739-7879(Fax)
e-mail / gyoeum@daum.net
등록 / 제2007-000052호

* 잘못된 책은 바꾸어 드립니다. 값 10,000 원

ISBN 978-89-7814-947-1 03810

부산광역시 BUSAN METROPOLITAN CITY   **부산문화재단** BUSAN CULTURAL FOUNDATION

후원 : 본 사업은 2023년 부산광역시, 부산문화재단 〈부산문화예술지원사업〉으로 지원 받았습니다.

- 이 책 내용의 전부 또는 일부를 재사용하려면 저작권자와 교음사의 동의를 받아야 합니다, 지은이와의 협의 하에 인지는 생략합니다.